DU SEUL MOYEN

DE FAIRE AVEC SUCCÈS

LA GUERRE A L'ANGLETERRE.

> » Carthage faisait le commerce du globe alors connu ; ......
> » Elle exploitait à son profit toutes les richesses des nations ; ...
> » Elle avait un grand nombre de troupes étrangères à sa solde ; ...
> » elle armait de puissantes flottes ; ...... ses navires marchands
> » couvraient toutes les mers, dont elle affectait la domination ; ...
> » et tandis que d'un côté elle enchaînait les ondes, elle donnait
> » de l'autre des convulsions au reste de la terre.. . . . .
> » . . . .
> » Son nom, ses tyrannies, ses spoliations, les discours insolens
> » de ses généraux, les prétentions outrées de ses négociateurs,
> » ont passé à la postérité, ... qui se félicite d'ignorer où sont
> » aujourd'hui les ruines de cette ville ! »
>
> (*Du Droit maritime de l'Europe*, par M. Asuny. 1805.)

PAR UN OFFICIER DE LA MARINE,

l'ancien Capitaine de Vaisseau Lévignot Dufresne

PARIS.

Se trouve chez MM. Petit et Mongie, Marchands de
Nouveautés, au Palais-Royal,

Où l'on trouve, par le même, les *Lettres sur la Nécessité d'employer
quelque Marin dans les négociations avec la Grande-Bretagne, soutenue de
quelques détails intéressans relativement aux deux marines de France et
d'Angleterre.*

Juin, 1815.

De l'Imprimerie de RENAUDIÈRE, rue des Prouvaires, N°. 16.

DU SEUL MOYEN

DE FAIRE AVEC SUCCÈS

LA GUERRE A L'ANGLETERRE.

« How shall we annoy our enemy ? »
Comment ferons-nous du mal à l'Angleterre ?

C'EST une question que les Américains faisaient l'année dernière; et n'est-ce pas une question que, naturellement, doit faire aujourd'hui tout Français, en considérant que l'Angleterre seule est la cause de la guerre dont nous sommes menacés, puisque ses ministres viennent d'être obligés d'avouer, en plein parlement, que, sans ses subsides, les puissances coalisées ne pouvaient y prendre part.

C'est donc contre l'Angleterre que la France devrait principalement s'armer, et qu'elle devrait diriger tous ses coups. Par quelle fatalité donc, au contraire, est-ce contre cette puissance qui, pour la troisième fois depuis vingt et quelques années, nous entraîne dans les hostilités avec tout le continent, que nous semblons prendre le moins de mesures offensives?

Sans doute le mouvement qu'on imprime à notre armée de terre, et que seconde si bien l'élan national, ne peut nous laisser aucune incertitude sur la manière victorieuse dont nous sortirons encore et très-promptement de cette nouvelle lutte continentale : mais, dans ce cas, quelles sont les pertes que l'Angleterre qui la provoque, y aura éprouvées? et quelle raison l'empêcherait de se retrouver très-promptement en état d'en faire recommencer une nouvelle?

L'Angleterre fournit à la coalition un très petit nombre d'hommes, proportionnellement au nombre fourni par les autres puissances qui la composent ; et le ministère anglais a su adroitement placer ses hommes sur une de nos frontières, d'où ils peuvent au besoin, aussi aisément que promptement, se rembarquer ; de sorte qu'en cas de revers pour la coalition, la perte en *personnel* que l'Angleterre pourrait y éprouver, serait très-peu importante.

L'Angleterre, à la vérité, fournit l'argent nécessaire aux dépenses du reste de l'armée coalisée ; mais avec une légère attention, qui peut ne pas s'apercevoir qu'elle ne fait en cela qu'une avance, dont elle est assurée du remboursement, quel que soit le résultat de la guerre?

D'abord, aussitôt que les hostilités vont commencer, et pendant qu'on se battra sur le continent, et quel que puisse devenir le résultat de ces hostilités et de ces batailles, l'Angleterre enverra s'emparer de nouveau des colonies françaises qu'elle a rendues désarmées et démantelées, il n'y a que quelques mois ; et elle s'y emparera de tous les navires, ainsi que de toutes les marchandises que nous y avons expédiées : ensuite, pendant ce même temps, et comme cela est arrivé dans les deux der-

nières guerres, elle sera la seule nation de l'Europe
si elle ne le devient pas encore de tout le globe, qui
fera du commerce maritime, ou au moins du commerce colonial. Or, ces avantages seuls couvriraient
déjà, bien certainement, une partie de ses avances.

Secondement, si la coalition obtient des succès,
l'Angleterre, évidemment, en partagera les avantages avec les autres puissances. Si, au contraire, la
coalition est battue, non-seulement les puissances
coalisées que l'Angleterre soudoie ne lui en seront
pas moins redevables des subsides qu'elle leur
avance; mais encore, comme elle aura le plus
grand intérêt à ce que la France reste en guerre, elle
forcera ces puissances à la continuer, malgré qu'elles
y puissent perdre; parce qu'autrement elle s'empa-
rerait, ainsi qu'elle l'a toujours fait, des établissemens coloniaux de celles de ces puissances qui en
posséderaient encore; de quelques-uns des principaux ports de celles de ces puissances qui n'auraient
point de colonies à perdre; et enfin des navires du
commerce de toutes ces puissances, avant qu'ils eussent pu être prévenus de la rupture qu'alors elle se
ménagerait avec elles.... Or, sans un grand effort de
calcul, il est facile de s'apercevoir qu'un semblable
dédommagement ne pourrait manquer d'équivaloir
à ses avances.

Ainsi donc l'Angleterre, dans le cas même où la
France aura le succès le plus complet sur les puissances coalisées, ne peut rien perdre, tant qu'on ne
l'attaquera pas de quelque autre manière que par son

contingent dans la coalition , et cela conduit nécessairement à répéter cette demande : *Comment ferons-
nous du mal à l'Angleterre ?*

En Amérique , où les habitans étant presque tous
riverains de la mer, commencent tous à connaître
les avantages d'un grand commerce maritime , et à
sentir l'importance d'une marine militaire, ce qui
leur en donne des connaissances aussi justes qu'é-
tendues ; en Amérique , où le gouvernement, à cet
égard , vient de reconnaître la nécessité qu'il y avait,
pour avantageusement diriger ce service , d'établir ,
comme en Angleterre , un conseil de marine, où
les officiers de mer fusssnt appelés , et en majorité,
« parce que » , porte le rapport pour l'établissement
de ce conseil , « quoique cette marine soit encore
» dans l'enfance, la guerre avec l'Angleterre a néan-
» moins fait sentir que ce service entraîne déjà trop
» de détails essentiels , et nécessite trop de connais-
» sances absolument dépendantes de la pratique du
» métier, pour qu'un homme seul, souvent étranger à
» la chose même, puisse s'en charger , ou du moins
» puisse se bien acquitter de cette charge , sans être
» obligé d'en abandonner ou d'en négliger une par-
» tie (1) » ; en Amérique, dis-je, la réponse à cette

____

(1) Extrait du rapport fait au nom du parlement des
Etats-Unis vers la fin de l'année dernière , pour la création
d'un bureau ministériel de marine , sous le titre de *board
of inspectors of the navy* , composé de *trois officiers de
mer* , et de deux autres personnes civiles versées dans les
affaires de la marine.

quéstion , *comment ferons-nous du mal à l'Angleterre ,* a été bientôt faite , et le moyen en a été facilement trouvé.

On y a répondu qu'il *fallait s'attacher à attaquer le commerce maritime de l'Angleterre ; que le moyen d'y parvenir était de courir sus et de détruire tous ses navires;* et cette réponse a été aussitôt comprise qu'appréciée, ainsi que le moyen mis à exécution.

Mais en France, où les connaissances *en fait de marine* sont trop peu répandues, pour ne pas dire sont trop erronées ; en France, où, pour me servir des expressions que répétait encore en 1789 un officier dont la marine française pouvait s'honorer, et dont trop malheureusement la voix n'a été que celle dans le désert ; en France, « où pendant si long-temps », dit cet officier, « le département de la marine n'a » presque pas cessé d'être regardé comme une bague » au doigt du secrétaire qui en était chargé; où, » pendant si long-temps a prévalu ce système adopté » depuis la paix d'*Utrecht* et suivi trop religieuse- » ment depuis, de ne voir dans la marine qu'un » objet à charge au royaume, donnant à son mi- » nistre bien moins d'influence que la ville de Paris » ou bien la maison du roi; où enfin un conseil de » marine serait si nécessaire pour guider l'inexpé- » rience perpétuelle et souvent indocile de cette longue » file de gens qu'on a vus successivement arriver à ce » département , dont les détails sont trop nombreux » pour qu'un seul homme puisse y suffire, et trop impor-

» tans pour être abandonnés à la volonté d'un seul (1) »;
dans cette France, dis-je, la réponse à cette demande,
comment ferons-nous du mal à l'Angleterre, nécessite
d'entrer dans quelques détails, afin de prouver qu'on
ne peut parvenir à lui en faire, qu'en s'attachant à
attaquer son commerce maritime; que le seul moyen
d'atteindre ce but est *de courir sus et de détruire tous
les navires qu'il emploie*, et en même-temps, que rien
n'est plus aisé, rien n'est plus assuré du succès, et
rien n'est moins coûteux, que ce moyen d'y parvenir.

Essayons donc de le démontrer, en examinant s'il
peut s'en présenter d'autre, s'il n'est pas le seul, s'il
n'est pas d'un succès assuré, et s'il n'est pas le moins
dispendieu

D'abord, il faut espérer qu'on ne prétendra pas de
nouveau, aller attaquer l'Angleterre dans son île,
avec des projets de descente en bateaux plats. Les non-
succès, et les fortes ainsi que fausses dépenses qu'un
semblable projet a entraînées toutes les fois qu'on l'a
renouvellé, et surtout dans la dernière guerre, doivent sans doute avoir démontré combien était futile
cette idée, dont on avait si fortement exalté le peuple
français, pour la lui faire approuver, de la possibilité de faire une semblable descente en Angleterre,

----

(1) Expressions de M. de Bory, officier-général de la
marine, doyen des gouverneurs-généraux de Saint-Do-
mingue, dans ses Mémoires sur l'administration de la
marine, imprimés en 1789, pages 27 et 203.

fondée sur le grand nombre de celles qu'on y avait faites antérieurement; sans vouloir réfléchir qu'elles n'avaient eu lieu que dans des temps où les Anglais, pour s'y opposer, n'avaient aucune de ces forces dont ils disposent maintenant, et qui consistent en ces forteresses flottantes que nous appelons vaisseaux.

Les vaisseaux de guerre seraient aujourd'hui le seul moyen avec lequel on pourrait projeter de tenter quelque descente considérable sur ce pays, et en espérer quelque succès ; mais malheureusement ce moyen n'est point maintenant à la disposition du gouvernement français, et ce n'est pas ici l'occasion d'en rechercher la cause ; il suffit qu'on n'en puisse contester ni l'existence, ni l'effet.

Mais il y a plus, c'est que quand même nous en aurions quelques moyens, il faudrait encore y renoncer ; parce que ce sont les projets d'invasion sur l'Angleterre qui ont augmenté les forces de cette puissance; et parce que ce n'est qu'à de semblables menaces, que l'Angleterre est redevable d'être devenue une puissance aussi formidable par terre.

« Relativement à ce projet, » écrivait le fameux M. Burcke en 1759 et en parlant de la guerre de 1755, « relativement à ce projet d'une invasion » en Angleterre, la France se ressouvenait qu'an- » ciennement le simple bruit d'un semblable des- » sein lui avait été souvent de quelque utilité; mais » les choses en Angleterre étaient bien changées de- » puis ces temps-là. De cette fois les menaces d'une » invasion augmentèrent ses forces intérieures, sans

» lui inspirer aucune crainte ; ces menaces donnèrent
» naissance , en grande partie, à la loi de la milice ,
» que vraisemblement on n'eût pu faire adopter sans
» cela. Elles firent augmenter les troupes régulières
» tant en nombre qu'en espèces. L'Angleterre vit
» pour la première fois de la cavalerie légère, et de
» l'infanterie légère ; et elle vit dans les deux cham-
» bres de son parlement, l'harmonie la plus parfaite
» et la plus inconnue jusqu'alors (1).

Pourquoi donc une telle observation , présentée
déjà si anciennement par les Anglais eux-mêmes ,
n'a-t-elle pas été, depuis, mise à profit par les Français? et pourquoi n'en a-t-on pas tenu compte au
commencement de la dernière guerre?

N'est-ce pas à cette nouvelle menace, faite en 1803,
que l'Angleterre a dû la création de ses trois nouveaux corps de *volontaires*, de *milice locale*, et de *milice navale* (sea fencibles)?

N'est-ce pas aussi à cette nouvelle menace, qu'ensuite de cette création , le ministère anglais a obtenu
de changer la destination primitive des milices régulières , et de leur faire faire le service des troupes de
ligne , dans toute l'étendue des trois royaumes indis-
tinctement , ainsi que des îles en dépendantes, au
lieu de ne servir que dans celui des trois royaumes
où elles étaient levées?

N'est-ce pas encore par un effet de cette nouvelle

----

(1) Annual register , par M. Burck , année 1759,
vol. 2.

menace que le parlement d'Angleterre a autorisé
l'armée régulière, au défaut d'un nombre suffisant
d'engagemens volontaires, à s'assurer son complet en
tout temps, par le tirage au sort dans les milices; ce
qui, joint au service même dans ces milices, équi-
vaut, en Angleterre, à une petite conscription renou-
velée chaque année sur tous les hommes depuis l'âge
de vingt jusqu'à quarante-cinq ans?

N'est ce pas enfin par un autre effet de cette nouvelle menace, que le pouvoir exécutif d'Angleterre,
au moyen de cette création de trois nouveaux corps,
de cette nouvelle destination des milices, et de cette
conscription sur sa population mâle, s'est trouvé en
état de disposer et d'envoyer sur le continent la totalité de ses troupes régulières, auxquelles alors il a
pu encore ajouter un grand nombre de troupes étran-
gères, qui, autrement, par la constitution anglaise,
n'auraient pu faire partie de son armée?

Or, si on se reporte à la situation respective de
la France et de l'Angleterre, à la fin de ces guerres
commencées en 1755 et 1803, sous tous les rapports,
peut-on se refuser à convenir que la même cause a
produit les mêmes effets?

Ce n'est donc point par de nouvelles menaces
d'invasion que la France doit s'attendre à faire du
mal à l'Angleterre; et espérons qu'on renoncera à
ces projets et à ces menaces d'envahir le territoire
ennemi, parce que ces projets et ces menaces ne
conduisent presque toujours qu'à donner aux gou-
vernemens qui sont menacés de nouveaux moyens

et de puissans renforts pour combattre ceux qui osent les menacer.

Quant au mal qu'on pourrait espérer faire à l'Angleterre, en allant attaquer quelques-uns de ses établissemens outre-mer, il est sensible que si, par le manque où nous nous trouvons d'armée navale, nous ne pouvons aller l'attaquer dans ses trois royaumes dont nous sommes si rapprochés, il est sensible que nous aurions encore bien moins les moyens d'envoyer des forces considérables à une certaine distance ; et puisqu'il ne nous est pas possible de conserver deux ou trois de ces établissemens où nous sommes pacifiquement et intérieurement les maîtres, à plus forte raison serions-nous encore moins capables d'en aller conquérir, et conserver après leur conquête, d'autres où, de plus, nous aurions toujours les habitans disposés contre nous.

Ce n'est donc point encore par les colonies anglaises que la France doit chercher à faire du mal à l'Angleterre ; ce qui conduit à reconnaître que le seul moyen qui puisse s'en présenter, et qui puisse être à la disposition de la France, c'est d'*attaquer son commerce.*

L'Angleterre ne fournit en quelque sorte à la coalition que le secours de ses finances : ce sont donc ses finances dont il faut tarir la source. Eh ! quelle est cette source, si ce n'est son immense commerce maritime, et le grand crédit qu'il procure et qu'il soutient ? *C'est donc, encore une fois, son commerce, et ce n'est absolument que son commerce qu'il faut s'atta-*

cher à attaquer ; parce que non-seulement ses **pertes** réelles , mais même ses embarras seuls , doivent entraîner l'écroulement de ce crédit à l'aide duquel seul cette puissance soudoie nos ennemis.

Or, le seul moyen d'atteindre ce but, est de courir sus et de détruire tous les navires avec lesquels se fait ce commerce, parce que la perte de ces navires sera plus sensible en Angleterre que la perte de ses bâtimens de guerre, en raison de ce que la perte d'un seul navire marchand peut entraîner la ruine ou au moins peut causer des embarras à plus d'un riche négociant ; et que les négocians ruinés, ou seulement embarrassés, refusent et ne peuvent contribuer aux taxes nécessaires pour la continuation de la guerre.

En vain, pour attaquer le commerce anglais, voudrait-on essayer, de nouveau, le système de *blockade continentale ;* indépendamment que de long-temps ce moyen ne pourrait plus être à la disposition de la France, ce ne serait point par un semblable système qu'on parviendrait à faire beaucoup de mal aux Anglais. L'expérience a prouvé que ce système n'a conduit qu'à nous susciter beaucoup d'ennemis, en même temps que, proportionnellement parlant, il a fait fort peu de mal aux Anglais. Il y a plus ; c'est que, sous plus d'un rapport, et au bout d'un certain temps, il leur a été avantageux , parce qu'à la fin , il a fallu avoir recours aux *navires licenciés* , et qu'il ne s'est alors trouvé que les Anglais qui pouvaient rendre valides les *licences*, et qui conséquemment étaient les premiers à en profiter.

On en trouve la preuve dans l'état, présenté au parlement en 1812, du nombre de licences accordées depuis ce système ; puisque par cet état on voit que c'est dans les deux années que ce système de *blockade continentale* a été le plus en vigueur, que l'Angleterre a accordé le plus grand nombre de licences. Dans l'année 1809, elles se sont montées à plus de quinze mille ; dans l'an 1810, à plus de dix-huit mille ; et si à ce nombre de navires qui faisaient le commerce de l'Angleterre au moyen de licences, on ajoute le nombre de navires anglais naviguant sous leur propre pavillon et sans être licenciés, nombre qu'on peut, sans exagération, porter à près de vingt mille (1), on peut juger quel commerce l'Angleterre a fait pendant ces mêmes années (2).

----

(1) En 1801 ce nombre était déjà de 19,712, d'après l'état présenté au parlement, dans le rapport de ses commissaires, choisis parmi les membres des communes pour *s'enquérir et prendre connaissance des irrégularités, fraudes ou abus* qui pouvaient exister dans le département de la marine, et pour en proposer les moyens de réforme.

(2) Nombre de licences, pour les navires de commerce, accordées en Angleterre pendant les années ci-après. — Cet état extrait des papiers présentés au parlement dans

On en trouve une autre preuve dans l'état chronologique du commerce de l'Angleterre, sur lequel état on voit qu'en 1802 (l'année de paix générale), le tonnage des navires qui ont pris en Angleterre des expéditions pour l'extérieur, n'avait pas été tout-à-fait de 1,900,000 tonneaux, et que dans l'année 1809 il avait déjà augmenté de cent mille ; que dans cette même première année, la valeur des cargaisons exportées d'Angleterre ne s'était montée qu'à 46 millions sterlings, et que dans l'an 1809 elle était déjà montée à près de 50 millions; que dans cette même première année encore la balance du commerce qui avait été, en faveur de l'Angleterre, d'à-peu-près 18 millions sterling, l'avait été, à la seconde époque, d'à-peu-près 20 millions; et enfin que dans cette même année 1802, *année de paix générale*, la recette nette des douanes n'avait produit en Angleterre qu'environ 6 millions sterlings, tandis qu'elle en avait déjà produit 10 millions en 1809, *époque à laquelle l'Angleterre était en guerre, ou au moins en inter-*

---

le commencement de 1812, et inséré dans le journal le **Courrier**, 25 février.

Années.	Nombre de licences.	Années.	Nombre de licences.	Années.	Nombre de licences.
1803.	836.	1806.	1620.	1809.	15,226.
4.	1141.	7.	2606.	1810.	18,556.
5.	791.	8.	4910.	1811.	7,602.

ruption de commerce avec presque toutes les puissances du globe (1).

Quelle leçon pour les puissances continentales ! et n'y découvriront-elles donc pas que la politique anglaise ne peut plus avoir d'autre but que de les entretenir en guerre, et que ce ne peut être que pour les intérêts de l'Angleterre qu'elles s'y engagent ?

Le seul moyen de porter atteinte au commerce anglais, on ne saurait trop le répéter, ne peut donc être que de *courir sus et de détruire en pleine mer tous les navires avec lesquels il se fait.*

Ce moyen est positif et certain : les Américains

---

(1) *Extrait d'un tableau présentant l'état chronologique du commerce de l'Angleterre depuis la restauration jusqu'en l'an 1809, inclus.*

Ann.	Tonnage des navires qui ont pris des expéditions pour l'extérieur.	Valeur des cargaisons exportées.	Balance du commerce.	Recette nette des douanes.
1802.	1,895,116 t.	46,120,962 l. s.	17,961,245 l. s.	6,087,569 l. s.
3.	1,788,768.	31,438,495.	3,890,541.	7,179,621.
4.	1,802,063.	34,451,377.	5,609,510.	8,357,891.
5.	1,857,654.	35,909,845.	5,071,328.	9,084,459.
6.	1,897,603.	36,527,184.	8,008,627.	9,733,814.
7.	1,791,072.	34,566,571.	6,014,233.	9,207,735.
8.	1,425,592.	34,554,267.	4,914,915.	8,797,823.
9.	1,993,188.	50,301,763.	19,895,203.	10,289,807.

Le tableau dont on présente ici l'extrait n'allant pas au-delà de 1809, on ne peut présenter cet état pour 1810. Mais il a été assuré au parlement que le commerce anglais avait encore été en croissant pour cette année.

l'ont indiqué et expérimenté ; les Anglais eux-mêmes nous en ont informés , et en ont reconnu l'efficacité, puisque leurs journaux ministériels l'ont publié pour faire sentir au peuple la nécessité de faire la paix avec l'Amérique , et d'approuver celle qui venait de se conclure à Gand.

Voici ce qu'on trouve à cet égard dans le journal demi - officiel, intitulé *The Courrier*, pour le 11 janvier 1815 , quinze jours après la paix avec les Américains , signée à Gand.

Extrait du journal américain LE DEMOCRATICK HERALD.

Philadelphie, 22 octobre 1814.

« How shall we annoy our enemy ?

» Comment ferons-nous du mal à notre ennemi ? »

Le journaliste américain commence par indiquer, et le journaliste ministériel anglais répète les moyens à employer pour provoquer la désertion dans l'armée et dans la marine anglaise, rendue facile par la langue commune aux deux pays : puis l'un et l'autre poursuivent comme suit :

« Un autre objet d'une très-grande importance ,
» c'est la *course*. Nous sommes bien aises de recon-
» naître que l'opinion publique penche beaucoup
» vers cette manière de faire la guerre. Au commen-
» cement des hostilités, le préjugé était fortement
» contre ; les circonstances ont fait changer d'opi-
» nion beaucoup de personnes. Cependant, afin
» de rendre la course avantageuse à notre pays , et

» ruineuse pour notre ennemi, il ne *faudrait ama-*
» *riner ni faire arriver aucune prise , puisque l'expé-*
» *rience nous a fait connaître tout le mal qu'un seul*
» *bâtiment armé sur ce principe avait déjà pu faire dans*
» *la Manche...* BRULER , COULER , ET FAIRE DES PRI-
» SONNIERS , telle devrait être la loi des Etats-Unis ,
» pour tout ce qui appartient au système de la
« course.

» De toutes les prises faites par les corsaires amé-
» ricains, à peine en était-il arrivé à bon port une
» sur quatre ; et de cette manière elles sont tombées
» au pouvoir de l'ennemi, avec, ce qui toutefois est
» encore d'une plus grande importance, avec les
» hommes qu'on avait mis à bord....... Et on doit
» considérer la perte de ces hommes comme une
» perte beaucoup plus sensible que n'a pu l'être le
» profit fait par les prises sauvées.

» Les Etats-Unis devraient donc offrir tant par
» homme pour chaque individu fait prisonnier , et
» de plus un tiers ou un quart de la valeur du bâti-
» ment et de la cargaison , dont la destruction
» aurait ainsi lieu. De cette manière , l'armateur
» américain ferait autant de profit que s'il avait mis
» du monde à bord de ses prises, et notre ennemi
» perdrait entièrement tous les bâtimens qui lui se-
» raient pris.

» Le mal fait par un semblable système , adopté
» et suivi avec chaleur, doit être incalculable ; et
» certainement les Etats-Unis pourraient très-bien ,
» et long-temps , soutenir une guerre dont la dé-
» pense ne leur coûterait que le quart des pertes que

» l'ennemi ferait. Une légère taxe pourrait être le-
» vée, et exclusivement affectée à l'encouragement
» et à l'armement de cette course.

» En moins d'un an, nous ne craignons pas de
» le prédire, la Grande-Bretagne serait plus fatiguée
» de la guerre, qu'elle n'en aurait jamais aimé les
» profits. Ses bâtimens de guerre, qui maintenant
» infestent nos côtes, lui deviendraient nécessaires
» en d'autres lieux pour protéger son commerce ; et
» ni tous ses convois, ni toutes les dépenses qu'elle
» prodigue à ce despotisme colossal qu'on appelle
» la marine anglaise, ne pourraient suffire à une
» semblable protection sur cet Océan, où les Anglais
» prétendent insolemment faire une loi qu'ils osent
» réclamer à l'égal d'un droit territorial ; en moins
» d'un an nous verrions cette puissance humiliée et
» à nos pieds ; nous n'entendrions plus parler de ses
» édits vandaliques, de ses vertus algériennes, ni de
» ses demandes de Gand ; nous la verrions subir la
» peine due à ses crimes ; on la verrait enfin avec
» *ce lion* si vanté, non *rampant*, mais TREMBLANT (1) ».

*Courir sus, brûler, couler les navires marchands et
faire beaucoup de prisonniers*, est donc le système que
les Américains ont reconnu être le plus propre à faire
du mal à l'Angleterre, en même temps que les Anglais ont avoué qu'il était celui qui pouvait le mieux
remplir ce but : car à quel autre sujet ce journal mi-

---

(1) Traduit du journal anglais *The Courrier*, 11 janvier
1815, n°. 6967.

nistériel anglais aurait-il donné à cette époque, tout au long, et sans contre-observation, un semblable article extrait d'un journal américain?

Ne paraît-il pas évident que la publication, dans le courant de janvier, par un journal ministériel anglais, d'un semblable article, qui avait paru en Amérique vers le milieu du mois d'octobre précédent, si, surtout, on considère que cette publication a suivi de près la conclusion du traité de Gand, contre lequel on jetait, en Angleterre, les hauts cris depuis qu'il était connu; ne paraît-il pas évident, dis-je, que cette publication par un journal ministériel, qui, dans ce même numéro, argumentait en faveur de ce traité, n'a pu avoir lieu que parce qu'on reconnaissait combien le système de guerroyer qu'on y recommandait devait devenir dangereux? Ne paraît-il pas encore évident que cette publication n'a eu lieu, de cette manière, que pour faire sentir la nécessité de la paix, sans laquelle le commerce anglais, avec ce moyen employé par ses ennemis, allait courir de si grands risques? Ne doit-on pas conclure enfin de cette publication, qu'elle n'a eu lieu dans un des journaux ministériels, que pour servir à justifier cette paix devant le peuple de la Grande-Bretagne, à qui ce traité n'ayant donné de satisfaction sur aucun des points pour lesquels on était entré en guerre, est devenu un sujet de reproches si graves adressés au cabinet anglais, auquel encore, tout récemment, un journal s'adressait ainsi :

« Je vous avais prédit que vous auriez la guerre

» avec l'Amérique, si vous persistiez à vouloir exercer
» la presse des matelots à bord des navires améri-
» cains rencontrés en pleine mer; vous y avez per-
a sisté, et vous avez eu la guerre.... Je vous avais
» prédit que les Américains vous battraient dans les
» combats, si vous prolongiez la guerre seulement
» deux ans; vous avez prolongé la guerre, et les
» Américains vous ont battu!.... Je vous avais pré-
» dit que vous ne feriez jamais la paix si vous exi-
» giez quelque concession de l'Amérique.... Vous
» en avez exigé de grandes concessions, comme
» un *sine quâ non*; et *trois mois après vous avez fait*
» *la paix, en cédant tout, sans même en excepter la*
» *cession de ce sine quâ non....* Enfin vous avez de-
» pensé 50 millions sterlings, et vous avez perdu, j'ose
» le dire, trente mille hommes, pour ne rien faire,
» si ce n'est pour donner naissance à une marine en
» Amérique , pour faire développer et fleurir les
» manufactures de ce pays , et pour semer à ja-
» mais, dans le cœur des Américains , la haine du
» gouvernement anglais (1). »

Eh quoi ! les Américains, avec trois frégates et
quatre corvettes en sap, à une distance de plus
de douze cents lieues de l'Angleterre, et sans ports de
refuge en Europe, ont pu forcer leur ennemi, avec
sa marine de plus de deux cents vaisseaux de ligne
et de plus de six cents autres bâtimens de guerre, à

----

(1) Septième lettre de M. Cobbet , adressée au comté
de Liverpool, au sujet de la guerre avec les Américains.

faire une paix semblable , si prompte , et dans un temps encore où celui-ci n'avait que l'Amérique à combattre , et s'était garanti les dispositions pacifiques de toutes les puissances d'Europe.... Et la France ayant encore un grand nombre de vaisseaux et d'autres bâtimens de guerre , se trouvant aussi rapprochée qu'elle l'est des côtes anglaises autour desquelles sont situés tous ses propres ports ; ayant de plus, outre mer, les ports de l'Amérique espagnole devenue indépendante, et les ports de l'Amérique anglaise, toujours notre amie , si elle ne devient pas notre alliée ; la France, dis-je, dans une semblable position envers l'Angleterre, ne pourrait la forcer au même résultat ; lorsque cette dernière puissance, d'un autre côté, a sa part à soutenir dans la guerre des coalisés ; et a de plus à craindre les dispositions peu pacifiques de l'Amérique , j'oserais même dire ses dispositions nécessairement tendantes à rentrer en guerre, parce que celle qui va commencer , fera renaître inévitablement la cause de celle qui vient de finir.... La France, me faut-il répéter, dans cette situation envers l'Angleterre, ne forcerait pas celle-ci à une prompte paix ?.... Elle ne le voudrait donc pas !....

Voyons donc le moyen qu'il nous faut employer pour y parvenir.

« Si la république , écrivait l'amiral Kerguelen ,
» n'avait aucun vaisseau de ligne et qu'elle me char-
» geât de faire la guerre sur mer, je ne ferais construire
» aucun vaisseau de guerre ; je ferais construire et

» équiper *quatre cents* bâtimens légers de 16 à 20
» canons, et je voudrais forcer, en moins d'un an,
» toutes les nations maritimes à demander la paix.

» *Je suis persuadé*, ajoutait ailleurs cet amiral,
» *qu'un décret qui ordonnerait la construction de trois*
» *cents corvettes, ferait plus trembler l'Angleterre qu'un*
» *décret qui ordonnerait la construction de cent vais-*
» *seaux de ligne.* » Cet officier aurait pu ajouter,
qu'un décret, pour la formation de tel nombre qu'on
voudrait de régimens de marine, composés d'un
amalgame de marins et d'ouvriers, si ce système,
tel que l'organisation en existe aujourd'hui, avait
été connu au temps qu'il écrivait.

Voilà, en effet, le moyen que la France doit employer. Eh! qui pourrait contester, avec quelque
solidité de raisons, que si la France possédait ce
nombre de bâtimens légers, susceptibles d'être armés en guerre; si, aussitôt la reprise des hostilités,
elle les équipait et les expédiait en *aventuriers*, avec
ordre de parcourir toutes les mers, et de visiter toutes
les côtes de l'un et l'autre hémisphère, sans s'attacher plus particulièrement à l'une qu'à l'autre, et
sans y stationner ni séjourner que le temps nécessaire pour y prendre connaissance du mal qu'on
peut y faire et y faire ce mal, ou seulement y donner des inquiétudes, y jeter l'alarme, et avec l'ordre
de courir sus, et de brûler ou couler tous les navires
marchands anglais, après en avoir retiré les équipages, qui pourrait contester, dis-je, que bien promptement le commerce de l'Angleterre serait aux abois?

Ses navires navigueraient-ils isolément et sans convoi? alors que de risques ne courraient-ils pas d'être pris, et comment pourraient-ils échapper à un si grand nombre d'aventuriers , soit en allant dans les colonies, soit en en revenant, soit même dans les mers d'Europe et sur leurs propres côtes ; et dans ce cas, que de pertes pour les armateurs, et combien de particuliers ruinés!

Ces navires, pour éviter le risque d'être ainsi pris, se placeraient-ils sous l'escorte des bâtimens de guerre? Dans ce cas, il est probable que les pertes seraient moins réelles pour les armateurs ; mais comme il est évidemment impossible que la marine anglaise puisse fournir un convoyeur à chaque navire marchand, il faudrait donc retarder le moment des départs, ce qui rendrait nul les bénéfices par les arrivages en concurrence ; il faudrait fixer des points de rendez-vous pour la réunion des convois, et leur en fixer pour les cas de séparation ; il faudrait prolonger des traversées, parce que dans un certain nombre de navires réunis, il s'en trouve toujours quelques-uns qui marchent moins bien que les autres ; que souvent cette inégalité de marche est journalière , ou tient aux circonstances du temps , de la mer, de la voilure qu'on porte, etc. ; et que, dans tous les cas, il faut continuellement que les bons marcheurs attendent les mauvais. Dans toutes ces circonstances, qui sont inévitablement la suite des convois, à quels inconvéniens, à quelles nou-nouvelles dépenses, à quels embarras, à quels nouveaux risques ne se trouverait pas alors exposé le commerce anglais, qui bien certainement ne pourrait prospérer long-temps avec autant d'entraves, dont le terme bien souvent encore ne serait que la perte des navires ; car il est constant que, sur dix convois, au moins sept éprouvent des séparations partielles, quand toutefois ils n'en éprouvent pas une générale, soit par le mauvais temps, soit par l'apparition inattendue d'un ennemi, etc.

Quelles chances de succès cette manière de faire la guerre sur mer n'offre-t-elle pas à la France pour faire du mal à l'Angleterre ?

D'abord, en admettant que nous n'ayons affaire qu'à l'Angleterre seule, et que quelques autres puissances maritimes soient assez sages, non-seulement pour ne pas entrer dans la coalition, mais encore pour prétendre rester neutres, et prétendre faire respecter la neutralité de leur pavillon ; dans ce cas, l'Angleterre ne présente pas moins de vingt mille navires marchands naviguant sur toutes les mers et dans toutes les parties du monde ; et il serait sans doute bien hasardeux que, d'une aussi grande quantité de navires, nos bâtimens aventuriers, en aussi grand nombre, n'en rencontrassent aucun. — De 1793 à 1800 inclusivement, il a été pris aux Anglais quatre mille trois cent quarante-quatre bâtimens (1); et c'est ici le cas de faire observer que l'acte de na-

---

(1) Extrait du journal anglais *the naval Chronicle*, n°. 2.

vigation, si favorable à l'Angleterre en temps ordinaire, se trouverait contre elle en cette circonstance, parce que, par cet acte, quoique obligée de faire tout venir chez elle par mer, ou d'envoyer par la même voie le produit de ses manufactures dans les autres pays, elle ne peut avoir recours aux navires neutres pour remplir cet objet.

Et si, comme nous n'avons jusqu'à un certain point que trop sujet de le craindre, d'après l'expérience que nous en avons faite dans les guerres précédentes, si toutes les puissances maritimes se laissent faire la loi sur mer par l'Angleterre, et s'y laissent enlever par cette nation la jouissance de leur neutralité, comme alors ces puissances seraient des ennemis à notre égard, quelle nouvelle source de succès pour notre course aventurière, puisqu'il suffirait de voir un navire et de le joindre, pour être assuré d'une proie et de sa destruction.

Mais peut-être, dira-t-on, ces ennemis nous prendront de ces bâtimens aventuriers. Sans doute il est probable qu'ils pourront en prendre; mais avant que ceux-ci ne soient pris, il est aussi probable qu'ils auront détruit à ces mêmes ennemis plus de vingt fois la valeur de ce qu'ils auront coûté à la France; et de ce qu'ils vaudraient alors à ceux qui les prendraient : car ces bâtimens leur seraient d'autant moins utiles, qu'aucune nation maritime ne peut en avoir besoin de semblables, parce que rien n'est plus facile à construire et à se procurer; et au pis-aller, la France, dans ce cas, se trouverait, avec ses ennemis, dans la position d'un joueur qui n'a que quelques écus à perdre, contre des joueurs qui en auraient par milliers à risquer, puisque nos bâtimens aventuriers ne seraient que dans cette proportion, tant en nombre qu'en valeur, avec les navires des nations à qui nous ferions la guerre.

Mais ce serait encore bien à tort qu'on s'imaginerait que le nombre de ces bâtimens aventuriers qui pourraient être pris, serait aussi considérable qu'au premier aspect il paraîtrait devoir et pouvoir l'être.

Premièrement, ces aventuriers devant avoir pour première qualité une marche supérieure ; pour première mission, celle de parcourir les mers et visiter les côtes sans station assignée, ni parage prescrit ; et pour unique destination, celle de détruire le commerce, sans avoir celle de faire autrement la guerre, il arriverait fort rarement, et à moins de surprise bien peu vraisemblable puisqu'elle ne pourrait avoir lieu qu'au point du jour et qu'il faudrait qu'à cet instant les bâtimens fussent bien rapprochés ; il arriverait fort rarement, dis-je, que ces avanturiers pourraient être joints par un ennemi plus fort.

Secondement, ces bâtimens, afin de pouvoir se tenir plus rapprochés des petits ports et des baies, où se font plus particulièrement la navigation si précieuse du cabotage, et celle des pêches de saisons, ainsi qu'au large des côtes, étant de moyenne dimension, auraient, par cette raison, de nouveaux moyens de se sauver d'un ennemi supérieur, soit en se retirant, dans les parages où ils se trouveraie͟ derrière les rochers ou sur les hauts fonds où cet ennemi ne pourrait les atteindr̄e ; soit en relâchant, s'ils y étaient forcés, dans les petits ports et dans les criques où il ne pourrait les poursuivre, à cause de son plus grand tirant d'eau.

Troisièmement, ce n'est, en général, qu'aux attérages en retour que sont pris les navires et les bâtimens, parce que c'est là que les croiseurs les attendent avec plus de perspective, et parce que souvent les vents contrarient leur rentrée dans les ports. Or, comme la destination de nos bâtimens serait à l'aventure, et qu'ils ne devraient point, dans le cours de chaque année, faire de relâche dans les ports de France, à moins qu'ils ne puissent plus tenir en mer ; ils seraient d'abord moins souvent exposés à être capturés ; ils le seraient ensuite d'autant moins, qu'ils seraient toujours les maîtres de déterminer le moment de cet attérage, et de ne le faire qu'avec ou à la suite d'un mauvais temps, qui aurait éloigné les ennemis de la côte ; et comme enfin aucun port ne leur serait précisément assigné pour le lieu de leur retour, non-seulement, si les vents venaient à les contrarier pour le port sur lequel ils auraient d'abord eu l'intention de se diriger, ils pourraient desuite faire route vers un autre, pour lequel les vents leur seraient favorables ; mais encore, dans tous les temps quelconques, ils pourraient se rendre dans un de ces petits ports, dont les dangereux accès tiennent constamment les ennemis éloignés.

La capture de ces aventuriers serait donc rendue beaucoup plus rare et plus difficile qu'il ne le paraîtrait au premier aspect; et ce moyen d'attaquer le commerce de l'Angleterre est donc aussi d'un succès bien assuré. Faisons voir maintenant qu'il est le moins dispendieux, parce que, non-seulement un semblable armement, fait par la France, d'un très-grand nombre de bâtimens légers envoyés en course à l'aventure, n'occasionnerait qu'une première dépense assez faible, *pour une dépense de marine*, mais encore parce que cet armement, en pleine activité et utilité, ne causerait qu'une dépense d'entretien plus faible, sous tous ses rapports, au moins pour le plus grand nombre et pour le reste de la guerre.

D'abord, pour la première dépense, celle depuis l'ordre de mettre en chantier les bâtimens, jusqu'à l'exécution de les mettre en mer..... Tous les bois du pays sont propres à cette construction, et tous les ports de France sont susceptibles d'entreprendre de ces constructions et de faire de ces armemens. — Dans tous les mêmes lieux, les objets d'armement, de gréement et d'avitaillement peuvent s'y trouver sans grands frais de transports ; les ouvriers nécessaires pour en faire tous les travaux s'y trouvent aussi sans déplacement, et conséquemment à meilleur marché, tant à cause de ce qu'ils resteraient chez eux, que parce qu'en raison de la guerre, ils trouveraient moins d'ouvrage.... Les marins nécessaires pour en compléter les équipages s'y trouveraient tous, et ils seraient d'autant plus disposés à y embarquer, que non-seulement cette classe d'hommes en général aime beaucoup à se trouver rassemblée en certain nombre du même pays à bord du même bâtiment, mais encore qu'ils ajouteraient à cette considération celle de ne pas être levés et envoyés au service dans les grands ports, pour embarquer sur des frégates ou sur des vaisseaux, à bord desquels ils sont exposés à faire de pénibles séjours sur les rades, ou bien à avoir des missions, qui, parce qu'elles ont un but déterminé, sont beaucoup moins susceptibles de réussir, comme aussi beaucoup plus susceptibles de les conduire en Angleterre.

Vient ensuite dans cette première dépense celle des traitemens et de la solde des officiers, et des équipages de ces bâtimens; mais elle se bornerait, pour toute l'année, aux avances de trois mois, qu'en ferait le gouvernement; parce que comme tout ce qu'ils prendraient et pourraient sauver serait pour eux, à leur charge seulement, ainsi que je vais l'indiquer, de se pourvoir de vivres pour une partie de l'année, il ne leur serait plus rien compté à ce titre. Ce serait à eux, si les chances en mer ne les favorisaient point, à en aller chercher de plus favorables sur les petits établissemens outre-mer, dont je vais aussi parler, appartenant aux puissances ennemies; et certes ils n'en manqueraient pas d'occasion, comme on ne manquerait pas d'hommes à qui de semblables conditions pourraient convenir.... Ainsi donc, la première dépense d'armement ne serait pas forte.

Quant à la dépense pour l'entretien à la mer et

en service de ces bâtimens, pendant tout le reste de la guerre, il est facile de prouver qu'elle ne serait pas plus forte sous tous les rapports.

Premièrement, sous le rapport du gréement, et en général des munitions navales, il est évident que ces bâtimens n'étant que de moyenne grandeur, les gréemens de tous les navires marchands dont ils s'empareraient, pourraient leur en fournir et suffire à remplacer les objets de cette nature dont ils viendraient à manquer, soit à la suite de consommations, soit par l'effet des événemens de la mer et du temps.

Il y a plus à cet égard, c'est que si ces bâtimens aventuriers venaient à démâter de leurs bas mâts, ils ne seraient pas dans la nécessité de faire des relâches dans des ports particuliers pour en trouver le remplacement, parce qu'ils seraient assurés de pouvoir se les remplacer dans tous les ports du commerce; si toutefois le premier navire à trois mâts, ou le premier fort navire à deux mâts qu'ils rencontreraient ne pouvait leur fournir cette mâture; que dans ce cas ils pourraient aller remettre en place dans le premier abri qui serait à leur proximité: et il en serait de même pour les autres principaux objets de gréement, tels que câbles, grelins, haubans, et même les ancres et les embarcations.

Secondement, sous le rapport du remplacement d'eau, comme l'équipage de ces bâtimens aventuriers serait d'autant moins nombreux, qu'ils n'auraient point essentiellement à combattre, et qu'ils n'auraient point non plus à fournir d'équipages sur

les prises qu'ils feraient, il est probable que les navires ennemis qu'ils rencontreront pourraient suffire
à leur remplacement de cette provision ; mais en
admettant qu'ils ne fussent pas assez favorisés à cet
égard, comme ils n'auraient point de mission fixée,
dès qu'ils s'apercevraient que cet approvisionnement
commencerait à beaucoup diminuer, et qu'ils auraient à craindre de n'en pas trouver le remplacement à la mer, avant que le besoin n'en fût devenu
trop urgent, ils dirigeraient alors leur aventure vers
quelque point des côtes d'Afrique, d'Amérique ou
d'Asie, suivant qu'ils se trouveraient plus rapprochés de l'une de ces côtes, où ils seraient assurés de
pouvoir faire à l'aise leur remplacement d'eau.

Troisièmement, sous le rapport du remplacement
des vivres, en admettant d'abord qu'il ne pût avoir
lieu, ainsi que je viens de l'indiquer pour le remplacement d'eau, c'est-à-dire par les navires qu'on
détruirait, parce qu'on n'en trouverait pas à bord
de ces navires une quantité suffisante ; comme nos
bâtimens aventuriers auraient *carte blanche* pour tout
le temps qu'ils resteraient dehors, et que ce temps
serait à la discrétion des capitaines, ce serait à eux
à aller s'en procurer dans les petits établissemens
répandus sur toutes les côtes que je viens de citer,
en échange des objets précieux qu'ils auraient pu
retirer de leurs prises, et dont ils auraient toujours
une réserve pour cet objet ; et dans les cas où de
semblables échanges ne pourraient avoir lieu, soit
que les capitaines n'eussent point encore en ces

moyens à leur disposition , soit que les habitans sur les côtes voudraient s'y refuser en qualité d'ennemis , alors ces commandans s'en procureraient par la force , parce que sur toutes les côtes d'Afrique et d'Amérique dans l'Océan , sur toutes les côtes quelconques dans les mers orientales et dans la mer du sud , ils en trouveraient les moyens d'autant plus faciles que sur ces côtes il existe une grande quantité de petits établissemens et de petits forts qui y sont entretenus par les puissances avec lesquelles nous serions en guerre.

Cette dépense de bâtimens aventuriers , tant pour leur première mise dehors , que pour leur entretien pendant les années suivantes , serait donc bien peu onéreuse pour le gouvernement ; et si on en fait un calcul seulement assez approché pour s'en former une première idée , on ne manquera pas de découvrir qu'un semblable armement est de beaucoup plus avantageux , sous ce rapport des dépenses , que ne le serait l'armement d'un certain nombre de vaisseaux , en mettant encore de côté tous les avantages qu'il présente sur le dernier.

En effet , supposant que le gouvernement veuille faire l'armement de quatre cents de ces bâtimens (1),

---

(1) On proposerait dans ce cas de prendre pour modèle de ces bâtimens la corvette *la Diligente*, dont la marche a été reconnue supérieure dans toutes les occasions et dans toutes les campagnes où elle s'est trouvée , et qui possède toutes les autres qualités que dans cet écrit on a donné à entendre que les aventuriers devaient posséder.

il suffirait de les *équipager* chacun de quatre-vingts hommes, y compris le capitaine, trois officiers et trois aspirans, ce qui donnerait trente-deux mille hommes de mer, dont seize cents officiers, *employés et activés à la mer.*

Or, ces quatre cents aventuriers, pour premier armement au matériel, c'est-à-dire pour la construction, le gréement et l'équipement en munitions navales et de guerre, y compris leurs rechanges pour six mois, coûteraient tout au plus 80,000 fr. chaque, ce qui ferait pour quatre cents une dépense de . . . . 32,000,000 fr.

Six mois de vivres, ainsi que je l'ai indiqué, comptés, pour ne pas se trouver au-dessous du calcul, à 1 fr. par jour, pour chaque homme, font pour ce temps et pour les quatre cents bâtimens, en somme ronde moins de. 6,000,000

Trois mois de solde et de traitement, comptés de même à raison de 40 fr. par mois, terme moyen pour chaque homme, en raison des traitemens et plus forts appointemens des officiers, feraient encore, pour les quatre cents bâtimens, et aussi en somme ronde, moins de 4,000,000

Total de la première dépense et pour la 1re. année (1) 42,000,000

---

(1) On porte ici les dépenses en vivres et solde, sur un

Si l'on considère qu'à la seconde année , la dépense de construction sera sauvée, et qu'il n'y aura pour le matériel que quelques réparations et remplacemens à faire, on conviendra qu'en y affectant un quart de la première dépense, on ne craindra pas un déficit ; il suffit donc de porter , pour cet objet du matériel . . . . 8,000,000 fr.

Et la même dépense que pour la première année , en vivres, solde et traitemens. 10,000,000

Cela fait , pour la dépense de la seconde année. 18,000,000

Laquelle somme ajoutée à la dépense de la première année 42,00,000

tarif excédant cette dépense ordinaire , parce qu'on ne saurait trop s'attacher à ne jamais faire , *en marine surtout*, de ces aperçus de dépenses inférieurs à ce qu'elles se montent effectivement. L'expérience prouve sans cesse que rien n'est plus dangereux en administration ; car il faut alors ou bien avoir des arriérés avec les fournisseurs , ce qui provoque un manque de confiance et prive de crédit ; or , on sait ce que sont des marchés faits sans confiance et sans crédit : ou bien il faut suspendre des travaux commencés et souvent urgens , et dont la suspension , en temps ainsi imprévu , occasionne souvent, lorsqu'on les reprend , des dépenses doubles de ce qu'elles auraient coûté si elles avaient été continuées , et si toutefois encore elles n'occasionnent pas des pertes irréparables.

Fait pour les deux ans. 60,000,000
Conséquemment , pour chaque
année. 30,000,000

Il n'est pas nécessaire de faire remarquer ici que si, au bout de ces deux premières années, la paix n'était point faite , certainement cette dépense, pour chaque année suivante, serait moindre de plus d'un tiers; mais ce qu'il n'est peut-être pas indifférent de faire observer , c'est que si vers la fin de ces deux ans on se trouvait en paix, comme alors ces bâtimens , par leur dimension , pourraient utilement servir au commerce, ils pourraient aussi facilement qu'avantageusement lui être vendus ; or , cette vente réduirait encore cette dépense des deux premières années ; et en ne portant cette réduction qu'à 16 millions, ce qui n'est pas un calcul flatté, puisque ce ne serait estimer que 40,000 francs des bâtimens qui, seulement deux ans auparavant, en auraient coûté 80 mille , et auxquels , pendant cet intervalle, on en aurait dépensé 20 mille pour entretien : en ne faisant que cette réduction , dis-je , on voit que la dépense des deux premières années ne s'éleverait qu'à 44 millions , c'est-à-dire, 22 millions par chaque année (1).

____

(1) Quoiqu'il soit bien certain que ceux de ces bâtimens qui seraient alors vendus, le seraient à un prix bien plus élevé, parce qu'il serait extrêmement avantageux au commerce de trouver de ces bâtimens tout prêts au premier

Si ensuite on compare cette dépense à celle qu'entraînerait l'emploi d'un semblable personnel dans l'armée navale proprement dite, et certes, on ne prétendra pas qu'un personnel actif de trente-deux mille hommes soit trop fort pour le temps d'une guerre avec les Anglais ; si, dis-je, on fait cette comparaison, c'est alors que se présentera bien sensible l'économie que donne ce moyen de faire la guerre aux Anglais.

En effet, trente-deux mille hommes répartis sur des vaisseaux de 74, pour prendre un terme moyen à cause des vaisseaux à trois ponts, des frégates et autres bâtimens légers, et à raison de sept cents hommes par vaisseau, ne fournissent qu'à l'armement de quarante-six vaisseaux.

En comptant les vivres au même prix à bord de ces vaisseaux qu'abord des bâtimens aventuriers, mais en les comptant pour toute l'année, parce qu'on n'aurait pas, à cet égard, la même ressource que sur ces bâtimens, cela fait une dépense annuelle de . . . . 12,000,000 fr.

Un an de solde et de traitement sur le même pied qu'à bord de

moment de la paix, je ne compte cependant cette vente sur le pied de 40,000 francs, que pour faire une compensation de ceux qui pourraient avoir été pris ou autrement perdus, et qu'en considération de ce que ces bâtimens ne seraient peut-être pas nécessaires en totalité au commerce dans un premier moment de paix.

ces mêmes bâtimens , mais aussi pour toute l'année, par la même rai-son , près de 16,000,000

Cela fait par an 28,000,000
Et pour deux ans 56,000,000

c'est-à-dire une somme presque équivalente à celle de la dépense entière des bâtimens aventuriers pour les deux premières années , quoique dans cette dernière on compte toute la dépense *matérielle* et personnelle de cet armement, et que dans la seconde , on ne compte que celle personnelle.

On doit, de plus, ici remarquer qu'au bout de ces deux premières années, si la guerre continue, la dépense de l'armement des vaisseaux devient, par chaque année, de plus d'un tiers plus forte que celle des bâtimens aventuriers , en même temps que si à cette même époque la paix est faite , il ne peut se retrouver aucune diminution sur la première dépense.

Il est donc bien clair que par l'armement de quatre cents bâtimens armés pour être expédiés en aventure, on épargnerait, en économie, *pour cette fois sage et raisonnée*, plus d'un tiers de la dépense qu'il faudrait faire pour une armée navale encore bien faible, puisqu'elle serait au-dessous de cinquante vaisseaux de ligne ; et puisqu'on ne peut porter en dépense de son matériel, une somme moindre qu'un tiers de celle personnelle, y compris les vivres.

Il est donc aussi bien évident que ce moyen d'attaquer le commerce anglais, est non-seulement le moins dispendieux, mais qu'il est encore le plus avantageux, puisqu'en permettant de mettre et d'entretenir en mer pendant toute l'année quatre cents bâtimens courant sus et détruisant ce commerce, il fournit l'occasion d'entretenir pendant ce temps , en pleine et utile activité à la mer, trente-deux mille marins, dont seize cents officiers, et presque un nombre égal de jeunes gens destinés à le devenir : tandis que l'armement des vaisseaux n'offre qu'une chance bien rare de les voir à la mer, pour n'y faire encore que quelques traversées *en fuyant*, et pour présenter la perspective de n'y faire aucun mal à l'ennemi.

Il ne faut pas se le dissimuler, la situation actuelle des états qui se menacent, ne permet pas de croire que la guerre puisse être prolongée de beaucoup d'années ; et cependant, comme il faudrait être bien aveuglément prévenu, pour admettre qu'on pourrait forcer à la paix l'Angleterre , par le développement que la France voudrait faire contre elle de forces maritimes imposantes , il ne nous reste donc dans cette guerre, si nous ne voulons pas y succomber envers l'Angleterre , il ne nous reste d'autre ressource que d'attaquer le commerce anglais par mer, comme il ne nous reste d'autre moyen d'y parvenir qu'en *courant sus , et brûlant ou coulant ses navires.*

On en a déjà plus d'une fois , dans les guerres dernières, proposé et cherché à mettre en exécution ce projet, mais c'était par l'armement de divisions composées de vaisseaux et de frégates, et même par des frégates isolées; or cet armement n'était pas le meilleur,

Sans doute un tel armement pouvait présenter quelques avantages sur le projet d'armer des petits bâtimens aventuriers, parce qu'en général les grands bâtimens de guerre ont une marche supérieure à celle des petits, et surtout parce qu'alors ces grands bâtimens n'en devaient pas craindre la rencontre d'autres avec lesquels ils se trouvaient en état de se mesurer.

Or, cette dernière considération ne doit point assurément être sans poids auprès des Français, chez lesquelsmalheureusement on n'a que trop constamment suivi le système de leur faire faire la guerre sur mer, en commençant par fuir devant l'ennemi, et lequel système est certainement une des causes (qu'on ne pourrait trop promptement anéantir) des succès marqués que les escadres anglaises ont si souvent obtenus sur les escadres françaises (1); mais comme la guerre où nous entrons ne peut être de longue durée, comme malheureusement la situation actuelle de la marine française ne permet pas de penser à l'armement, pour les exposer à l'ennemi, d'un grand

----

(1) Voyez à cet égard les diverses causes de ces succès dans le petit écrit que j'ai publié il y a quelques mois sous le titre de la *Nécessité d'employer quelque marin auprès des négociateurs français, lorsqu'ils ont à traiter avec l'Angleterre*, etc.

nombre de vaisseaux, et encore moins d'escadres, il faut voiler légèrement, et pour quelque temps encore cet amour de la gloire qui ne permet pas de fuir devant l'ennemi ; et la manière la plus délicate d'y procéder est d'en venir au projet d'un grand nombre de petits bâtimens de guerre armés et envoyés en course à l'aventure ; parce que ces bâtimens pouvant, sans honte, décliner l'engagement des frégates, et étant assez armés pour se défendre contre des bâtimens d'égale force, en même temps qu'ils seront encore assez forts pour pouvoir s'emparer de tout navire marchand quelconque, ils seront capables de remplir avec succès le but pour lequel ils seraient armés.

Mais, outre ces raisons qui militent déjà contre l'emploi de ces grands bâtimens, et en faveur des plus petits que je propose, il en est encore d'autres : c'est 1°. que les bâtimens d'une certaine grandeur ne peuvent être construits et réparés que dans un très-petit nombre de ports, ce qui diminue considérablement les moyens d'armement, de départ, et de se sauver d'un ennemi supérieur ; c'est 2°. que les grands bâtimens requièrent un gréement général, dont ils ne peuvent encore trouver les remplacemens et les rechanges que dans les mêmes ports particuliers, ce qui, en les contraignant d'y relâcher plus souvent, et de ne relâcher que dans ces ports, les expose encore plus à la rencontre d'un ennemi supérieur ; 3°. c'est que de grands bâtimens n'ont point à beaucoup près autant de moyens de se sauver d'un ennemi supérieur, et d'éviter d'en être pris, que je viens de faire voir que les petits bâtimens peuvent en trouver; c'est 4°. qu'en raison de leur grandeur et de leur force, il leur faut des équipages plus nombreux, ce qui, en les privant des facilités de remplacer leurs vivres et leur eau, ainsi qu'on a vu que de plus petits bâtimens pouvaient le faire, à la mer même, ne leur permet guère de rester dehors plus de quatre mois de suite sans être obligés à relâcher, et restreint conséquemment de beaucoup, pour ne pas dire anéantit, leurs moyens d'aventures, soit pour la prolongation qu'ils ne peuvent ainsi faire de leur séjour en mer, soit pour les distances où ils peuvent s'y rendre, et dont il faut qu'ils s'assurent le temps de revenir, soit pour la possibilité même de ces relâches dans des ports qu'ils ne peuvent être maîtres d'aller chercher, suivant le caprice des vents.

C'est qu'enfin, à la cessation de la guerre, ces grands bâtimens restent nécessairement, pour leur entretien pendant la paix, à la charge du gouvernement, au lieu que les petits peuvent de suite être vendus au commerce, et que cette vente, en faisant de suite rentrer dans la caisse de la marine quelques fonds, diminue d'autant leur dépense première, et produit une semblable diminution sur la dépense des années de paix, en même temps que, ce qui doit être d'une nouvelle considération, elle offre au commerce, pour faire des expéditions outre mer dès le premier instant que la paix est conclue, des bâtimens dont il peut avoir à ce moment le plus grand besoin.

RÉSUMÉ.

D'après tout ce qui précède, je crois avoir démontré que la France ne doit et ne peut chercher à faire du mal à l'Agleterre, qu'en s'attachant à attaquer son commerce maritime.

Je crois avoir aussi démontré que le meilleur moyen d'atteindre ce but, est par l'armement d'un grand nombre de petits bâtimens de guerre armés en aventuriers ; je crois enfin avoir démontré que ce moyen est le seul qui soit aujourd'hui à la disposition de la France, en même temps que rien n'est plus facile, que rien n'est plus assuré du succès, et que rien n'est moins coûteux.

Que la France en fasse donc armer un grand nombre, qu'elle les envoie de suite *en course à l'aventure* sur le commerce de l'Angleterre : et il ne peut rester aucun doute qu'une semblable expédition fournira promptement une réponse sans réplique à la question pour laquelle j'ai commencé cet écrit :

Comment ferons-nous du mal a l'Angleterre?